AF585732

Manuel des Jeunes Soldats

DE TOUTES ARMES

Recueil de Conseils

PRATIQUES & INDISPENSABLES AUX JEUNES GENS à leur arrivée à la caserne

Nombreux et utiles renseignements sur tout ce qui concerne l'habillement, l'entretien des armes, l'équipement. etc., etc.

Obéissance et discipline

Farces aux bleus. — Trucs des roublards.

L'Art de devenir un soldat modèle

Comment on peut toujours se tirer d'embarras

CONSEILS HYGIÉNIQUES

permettant de se conserver en excellente santé; dangers à éviter, etc.. etc.

LIBRAIRIE-IMPRIMERIE POPULAIRE — 80, RUE DE CHARONNE. PARIS.

Le Manuel

des

Jeunes Soldats

LIBRAIRIE - IMPRIMERIE POPULAIRE
80, Rue de Charonne, Paris

Aux Jeunes Gens

Le "**Manuel des Jeunes Soldats**" est destiné à rendre de grands services à tous ceux qui vont entrer dans le métier militaire.

Il est indispensable, au moment ou s'opère ce changement dans la vie, que l'on ne soit au courant de ce qui se passe dans la grande famille que l'on appelle le Régiment.

Chacun a entendu maint récit de la vie de caserne, raconté par les camarades libérés du service militaire, mais de toutes les conversations traitant ce sujet, il n'est pas possible d'en tirer avantage.

Aussi, avons-nous pensé, en créant ce Recueil de Conseils aux bleus, leur être fort utile en exposant sous leurs yeux, dans un langage très clair, tous les « trucs » du métier militaire et en particulier : la façon de se « débrouiller » en arrivant, la connaissance avec les anciens, l'habillement, les premières notions du paquetage, puis le paquetage détaillé, la description du fusil, la façon de nettoyer ses armes, d'entretenir ses effets, les revues de détail, et tout ce qui concerne l'instruction pratique et morale du soldat.

Notre Recueil de Conseils sera apprécié de tous, puisqu'il permet à chacun de se tirer facilement d'embarras dans toutes les phases de la vie du soldat.

Au point de vue moral, ce Recueil ne laisse pas à désirer, car il est toujours nécessaire de lire des sentiments qui nous inspirent du même esprit de confiance et d'obéissance dignes de nous et qui justifient du titre que l'on nous décerne : les premiers soldats du monde.

Les Éditeurs.

LE MANUEL DES JEUNES SOLDATS

Recueil de Conseils PRATIQUES ET INDISPENSABLES A l'usage des Jeunes Gens nouvellement arrivés à la caserne.

INFANTERIE

Le Départ. — L'arrivée. — La Réception à la gare.

Ordinairement les jeunes gens reçoivent leur feuille de route dans les premiers jours du mois de novembre. Ce n'est pas sans émotion que chacun se demande en allant la chercher : vais-je être envoyé loin ? Oui, pour la plupart ; aussi l'on en revient un peu attristé en lisant que votre ville de garnison se trouve à deux ou trois cents kilomètres du pays où l'on va bientôt laisser les siens. Mais ce chagrin se dissipe en attendant le vrai jour du départ : (le 13 ou le 14 novembre pour les dispensés d'un an, et le 15 ou le 16 pour les actifs de 3 ans). Nous ne parlerons pas des adieux à la gare de départ, des larmes de tous les parents, des dernières recommandations des mères, etc..., et le train vous emmène, mêlés à des bandes de jeunes gens qui se dirigent comme vous vers leurs régiments respectifs.

Le train fait halte plusieurs fois en route pour laisser embarquer encore des bleus, toujours des bleus, et après un trajet plus ou moins long, le train stoppe, et l'on descend, tout étonné d'être déjà arrivé, (car on ne se fait pas une idée de ce que le temps passe vite dans tous les préparatifs précédant l'entrée dans le métier militaire.

Les jeunes gens sont reçus aux gares par des sergents des régiments auxquels ils sont affectés ; des hommes de ces régiments, porteurs de pancartes indiquant les numéros de régiment vous servent de point de repaire, et l'on vous fait grouper, puis mettre en rang, à grande peine, par deux ou par quatre, puis un lieutenant ou tout autre officier chargé de recevoir les jeunes recrues, donne le commandement du départ pour la caserne ou le quartier.

En route, sur tout le parcours, les habitants ne manquent pas de vous regarder passer et de lancer quelques quolibets, mais ne vous démontez pas pour si peu, et surtout ne bronchez pas, *vous êtes soldats.*

L'Entrée à la caserne.

Les hommes sont toujours en rang et stationnent dans la cour de la caserne; appelés un par un au bureau du capitaine-major, ils doivent fournir, avec leur feuille de route, toutes les indications verbales pouvant intéresser leur supérieur sur leurs aptitudes et détails sur leur métier dans le civil. L'officier s'occupe de faire dresser les livrets individuels et matricules des jeunes soldats, puis de leur indiquer la compagnie et le bataillon auxquels ils sont destinés.

Les bleus sont alors emmenés par des anciens, et le défilé commence dans les chambres, dans les bâtiments, les escaliers, et enfin, chacun grâce à la complaisance des anciens est maintenant en possession de son nouveau domicile. Le temps de faire connaissance, de se débarrasser de quelques bagages, puis votre ancien commence déjà à vous initier, à vous debrouiller, mais alors s'impose une tournée obligatoire à la cantine; ne faites pas le rebelle, et un verre offert gràcieusement vous fera rendre d'utiles services pour tout ce qui concerne la vie du soldat à la chambrée.

N'oubliez pas un seul instant le numéro de votre compagnie, ni celui de votre escouade, car en sortant de la chambrée. vous pourriez perdre un temps précieux pour retrouver votre logis.

Le premier jour.

Voilà le premier jour de votre arrivée au Régiment qui tire à sa fin. Il est 5 heures, la soupe va être sonnée, et c'est avec empressement que vous courrez aux cuisines avec l'homme de chambre, pour en rapporter cet excellent dîner que vous goûtez pour la première fois, N'avez crainte, si vous êtes difficile pour la nourriture, à la cantine on vous servira moyennant finance, mais vous vous habituerez vite à la gamelle, d'abord pour la bonne raison qu'on vous l'offre gratuitement. Après la soupe, vos anciens continuent à vous instruire sous l'œil exercé du caporal de l'escouade, et lorsque l'extinction des feux sonnera, vous pourrez alors vous reposer, car vous aurez bien rempli votre première journée.

L'HABILLEMENT.

Distribution des effets. — L'équipement.

Le lendemain de votre arrivée, de bonne heure, à 5 heures. la sonnerie du réveil vous réveillera, et on ne vous laissera pas faire la grâce matinée dans votre lit, et si vous voulez participer à la distribution du café, levez-vous et tenez-vous prêt. Le café avalé, on commence par vous faire exécuter quelques corvées indispensables, et un peu plus tard, dans la cour, commenceront les exercisses de gymnastique pour l'assouplissement de vos membres non habitués au travail que l'on exigera de vous.

Ensuite les anciens conduisent les nouveaux arrivés au magasin d'habillement, et aussitôt commence la distribution des effets d'habillement et de l'équipement.

Et chaque ancien se dévoue pour habiller son « bleu » le plus convenablement possible en lui faisant essayer tuniques, pantalons, capotes et vestes; puis les coiffures et les souliers.

Lorsque chaque homme a reçu tout son nécessaire, il peut se trouver embarrassé, mais avec les indications qui vont suivre et qui seront renouvelés par les anciens, il pourra néanmoins arriver à s'y reconnaître.

Les effets d'habillement sont désignés comme suit :

Collection n° 1, conservée au magasin ; elle comprend des effets neufs et en parfait état ;

Collection n° 2, composée d'effets assez bons, qui servent aux sorties personnelles des hommes ;

Collection n° 3, composée d'effets se portant pour l'exercice, effets plus usés que les précédents, treillis.

En remontant à votre chambrée, il vous faut de suite commencer le placement de vos effets et de votre équipement.

Les effets d'habillement comprennent : la capote, la tunique, la veste et le pantalon, le tout d'ordonnance, comme coiffure, le képi ou le casque.

Les collections n° 2 et n° 3 comprennent en plus deux jeux de treillis, (bourgeron et pantalon) une paire de godillots, une paire de brodeqnins, une paire de chaussons et de galoches.

Règlementairement votre trousse devra renfermer : 2 caleçons, 2 calottes, 2 chemises, 2 mouchoirs, 2 paires de gants, 2 serviettes, les treillis, un étui-musette, des boutons d'uniforme, 2 cravates, du fil, des aiguilles, des ciseaux, un dé à coudre, une glace, un peigne.

Le petit équipement comprend :

Une boîte à graisse, une fiole à tripoli, une patience, un martinet, un jeu de brosses comprenant : une brosse à souliers, 2 brosses à habits, une brosse pour les boutons, dite brosse à patience, une brosse à fusil, une cuiller et une fourchette.

Tous ces effets devront se trouver dans le sac de petite monture ; la trousse aura sa place dans le havresac.

Les effets du grand équipement sont : la bretelle du fusil, la cartouchière, le ceinturon, la giberne, le havresac, la plaque du ceinturon, la poche à cartouches, le porte-fourreau, les pièces de garnitures, les effets de campement, le petit bidon et sa courroie.

Lorsque chacun sera bien au courant de ce qu'il possède, ce qui devra arriver vivement, alors, les premiers mauvais pas seront éloignés, et là commencera la vraie vie militaire.

La Page d'écriture.

Tous les jeunes gens sont tenus d'écrire la page d'écriture qui leur est dictée par un sous-officier. Chacun s'applique de son mieux et les plus instruits qui font preuve d'une instruction primaire suffisante sont de préférence désignés pour suivre le peloton d'instruction afin d'être nommés caporaux après six mois environ de présence.

Textuel: La discipline faisant la force principale des armées, dit le règlement sur le Service intérieur, il importe que tout supérieur obtienne de ses subordonnés une obéissance entière et une soumission de tous les instants; que les ordres soient exécutés littéralement, sans hésitation ni murmure : l'autorité qui les donne en est responsable, et la réclamation n'est permise à l'inférieur que lorsqu'il a obéi.

Si l'intérêt du service veut que la discipline soit ferme, il veut en même temps qu'elle soit paternelle; toute rigueur qui n'est pas de nécessité, toute opinion qui n'est pas déterminée par le règlement, ou que ferait prononcer un sentiment autre que celui du devoir; tout acte, tout geste, tout propos outrageant d'un supérieur envers son subordonné, sont sévèrement interdits.

Les membres de la hiérarchie militaire, à quelque degré qu'ils y soient placés, doivent traiter leurs inférieurs avec bonté. être pour eux des guides bienveillants, leur porter tout l'intérêt et avoir envers eux tous les égards dus à des hommes dont la valeur et le dévouement procurent leurs succès et préparent leurs gloire.

La Discipline.

Maintenant, jeunes gens, puisque vous voilà un peu familiarisés avec la chambrée, les anciens, quelques conseils sur la discipline, l'obéissance, ne vous seront pas nuisibles, bien au contraire, ils vous aideront à aimer le métier militaire.

La discipline consiste dans l'ensemble des devoirs ou obligations spéciales, auxquels sont soumis les individus d'une même catégorie ou les hommes d'une même profession.

Les devoirs de l'homme sont de deux sortes : d'abord communs ou généraux, c'est-à-dire imposés par sa conscience ou par les lois divines et humaines; puis spéciaux, c'est-à-dire imposés par les règlements de sa profession.

Les devoirs professionnels du soldat sont : la fidèlité aux règlements militaires, l'obéissance absolue à ses chefs, le patriotisme, le dévouement envers ses camarades, le courage pour traverser tous les périls, ce qui suppose les connaissances théoriques et pratiques qui font de lui un bon tireur, un bon marcheur, un bon escrimeur et un homme robuste.

La discipline est la sécurité et le salut de la patrie.

La discipline fait les héros.

L'état militaire peut être une excellente école, capable de donner une éducation précieuse aux jeunes gens qui en ont été privés, ou de réformer l'éducation molle, gâtée, sans vertu et sans énergie, si commune de nos jours. Que de jeunes gens qui n'ont appris qu'au régiment l'obéissance, le respect, la politesse, la conduite, l'ordre, le dévouement et l'honneur.

Il se fait chez les jeunes soldats, au moral, la même révolution qu'au physique. En même temps que l'immense variété des exercices assouplit leurs membres, donne à leur corps un agréable dégagé et à tous leurs mouvements, la grâce et l'aisance, leur esprit grandit, exercé qu'il est, à chaque instant, par mille choses, par la nécessité de comprendre et de retenir tant d'évolutions, par les éventualités inséparables de leur condition et surtout par la diversité des caractères, des esprits, des imaginations et l'échange mutuel de connaissances qui se fait continuellement d'homme à homme.

L'éducation militaire dont ils subissent l'action puissante, inspire aux jeunes gens des vertus auxquels leur âme est restée jusqu'alors plus ou moins étrangère : le dévouement au drapeau et à leurs compagnons d'armes, le courage qui défie la mort, la force virile qui brave les fatigues, l'abnégation qui leur fait supporter sans une plainte la rude vie militaire.

Le Soldat Français.

La subordination est le respect et l'obéissance de l'inférieur envers le supérieur.

La subordination doit exister de grade à grade.

Le soldat doit l'obéissance au caporal, le caporal la doit au caporal-fourrier, au sergent, au sergent-fourrier, le caporal-fourrier la doit au sergent et au sergent-fourrier, etc., et ainsi de suite par ordre de grade, pour toute la hiérarchie.

La subordination et la discipline doivent exister, à grade égal, entre tous les militaires du même grade, qu'ils soient ou non de la même arme.

Ils doivent l'obéissance au plus ancien d'entre eux.

Entre soldats seuls, le plus ancien soldat de première classe a droit au commandement des hommes, et à son défaut, ce commandement revient au plus ancien soldat de 2e classe.

En dehors du service, comme en toute circonstance, les supérieurs ont droit au respect des inférieurs.

Distinction des Grades

Le soldat de 1re classe a comme grade, un galon de laine sur chaque bras.

Le caporal (brigadier dans la cavalerie et l'artillerie) a deux galons de laine sur chaque bras.

Le sergent (maréchal des logis) porte un galon d'argent ou d'or, (selon le régiment) sur chaque bras et une fausse jugulaire en métal fixée au képi.

Le caporal-fourrier et le sergent-fourrier ont les galons de caporal et de sergent et en plus un galon seul sur chaque bras près de l'épaule.

L'adjudant a un galon mélangé de métal et de soie rouge, soit autour des manches, ou en trèfle; et un même galon au képi.

Le sous-chef de musique a la tenue de l'adjudant, sans les galons, mais avec broderies au collet et au képi.

Les sous-officiers rengagés se distinguent des sous-officiers non rengagés par un galon étroit, soutaché moitié métal et moitié soie, placé au dessus des parements des manches.

Le sous-lieutenant a un galon en or ou en argent en trèffe, aux manches.

Le chef de musique a la tunique de sous-lieutenant avec broderies au collet et au képi.

Le lieutenant a deux galons identiques aux manches et le capitaine en a trois.

Le chef de bataillon et le major ont chacun quatre galons.

Le lieutenant-colonel a cinq galons dont 3 en or et 2 en argent ou réciproquement.

Le colonel a cinq galons.

Le général de brigade se distingue par les deux étoiles en argent qu'il a aux manches et sur les épaulettes, il a en outre des plumes noires au chapeau, des broderies au képi et une ceinture bleu et or.

Le général de division a trois étoiles et une ceinture identique à celle du général de brigade.

Le général commandant de corps d'armée a 3 étoiles, des plumes blanches au chapeau ou un galon blanc au képi.

LA CHAMBRÉE.

Chacun n'ignore pas que la chambrée est la chambre habitée en commun par les hommes d'une ou deux escouades.

Dans la chambrée le plus grand ordre doit régner.

Les effets n'habillement et le sac des soldats sont placés au dessus des lits, sur une planche dite planche à bagages.

Au-dessous de ces effets est suspendue une étiquette portant le nom du possesseur et son numéro appelé numéro matricule. Les lits sont faits avec beaucoup de soin et d'une façon uniforme. Les fusils sont placés sur un râtelier d'armes ; une fiole contenant de l'huile pour les armes est suspendue au râtelier.

Le pain, les cuillers et les fourchettes sont sur une planche nommée planche à pain.

Une cruche à eau doit être remplie tous les soirs.

Une des premières leçons que doit apprendre et savoir le soldat, c'est l'Historique de son régiment, les numéros de son escouade, de sa section, de son peloton, de sa compagnie, de son bataillon, de sa brigade, de sa division et de son corps d'armée, son numéro matricule qui lui sert à distinguer ses effets de ceux de ses camarades et le matricule de son fusil.

La police de la chambrée est réglée comme suit (art. 180 du Règlement sur le service intérieur) : « Le caporal de chambrée réprime tout ce qui se fait et se dit contre le bon ordre, etc. » Or, les brimades, quelles qu'elles soient, sont contre le bon ordre. Les railleries, les tracasseries exercées envers un camarade, au sujet de sa personne ou de ses principes d'éducation, ou de sa liberté de conscience, etc., sont contre le bon ordre.

Aujourd'hui, les dangers de la chambrée, s'ils n'ont pas disparu entièrement, sont assez diminués pour que tout jeune homme puisse, s'il le veut, se conserver honnête et réservé et vivre en paix au régiment.

Quand la police de la chambrée est inobservée, c'est à

l'insu des chefs. La famille d'un soldat tracassé à la chambrée l'apprenant par lettre du plaignant, peut se tenir assurée que si elle s'adresse convenablement au colonel, elle obtiendra satisfaction.

Dans la chambrée, jeune soldat, soyez bon camarade; rendez service quand vous le pouvez, en pensant que vous aurez vous-même souvent besoin d'être aidé.

Prenez garde aux jeux de la chambrée, qui sont parfois très mauvais; mais, en les évitant, ne vous fâchez jamais. Bien que les brimades soient sévèrement punies, vous aurez encore des farce à supporter, riez-en. Soyez bon camarade.

Le Soldat Français.

La camaraderie est la familiarité qui existe entre camarades, c'est la liaison étroite que créent, dans la vie en commun, les mêmes habitudes et les mêmes occupations, c'est la solidarité, cette responsabilité mutuelle qui s'établit et donne naissance à l'eprit de corps; c'est encore la fraternité d'armes qui fait que tous les soldats se portent aide envers et contre tous.

Education Morale, Coralys.

Il faut dire pourtant que les soldats ne deviennent généralement débauchés et mauvais que par les mauvais camarades. C'est pourquoi le jeune soldat ne doit pas se presser de choisir ses amis. Tout en se montrant aimable ave tous, il ne doit se familiariser avec personne, mais se tenir sur une grande réserve, pour accepter les invitations qui lui sont faites.

La voix de ses parents et sa conscience doivent être écoutées de préférence. Refuser une invitation de gens que l'on ne connait pas et s'en éloigner sans affectation, ce n'est pas être impoli; c'est faire preuve de raison, de dignité, de bonne éducation.

Ne cherchez donc pas à toute force des amis. Il vaut mieux en manquer que d'avoir à se repentir d'un choix trop précipité; mais quand vous en aurez trouvé un, honorez-le d'une haute amitié.

Devoirs des hommes, Silvio Pellico.

Les farces aux bleus.

Il est bien rare que dans votre chambrée on ne vous soumette à quelque farce en usage à la caserne, et quoique les brimades soient formellement interdites, elles existent néanmoins, et ont quelquefois des suites fâcheuses. Ne vous faites pas trop rebelle si on vous fait une farce qui ne vous cause aucun désavantage, et faites voir que vous avez bon caractère, alors on ne recommencera pas et on vous laissera tranquille.

Les principales brimades consistent d'abord à mettre le lit du bleu en bascule, c'est-a-dire le retourner quand celui-ci est endormi, ce qui se fait en passant sous le lit et en soulevant une des planches sur lesquelles repose le matelas; voyez-vous d'ici le plaisir que l'on éprouve à se réveiller dans un méli-mélo de draps, polochon et matelas, le tout sur le plancher, mais bah! on refait son lit et on se recouche. Il y a aussi le réveil avec le quart d'eau qui est suspendu au-dessus de votre tête et qui se retourne quand vous dormez d'un profond sommeil; ce réveil sous la douche est un des plus désagréables. mais pour compenser, rien ne vous empêche d'agir avec ruse et d'en faire autant, alors à votre tour vous vous amuserez de la mine déconfite du camarade réveillé ainsi.

La place dont nous disposons ne nous permet pas d'étendre davantage cette étude, forcément sommaire, de la vie intime au régiment, nous donnons la préférence aux conseils pratiques et indispensables pour la vie de soldat.

Dans tous les cas, jeunes conscrits, vous voilà en partie prévenus de ce qui vous attend durant la première année que vous passerez sous les drapeaux. Les plaisanteries que vous feront les anciens, les punitions qu'ils vous infligeront pour une faute en apparence banale, seront évidemment ennuyeuses, parfois douloureuses. Eh bien, acceptez-les philosophiquement, efforcez-vous même de les subir gaiement et vous pouvez être sûrs de leur voir prendre fin peu après.

Par contre, si vous faisiez le monsieur au mauvais caractère, si vous tentiez de vous révolter contre vos anciens, si, un jour de mauvaise humeur, vous menaciez d'aller les dénoncer à qui de droit, ces plaisanteries, la plupart du temps, inoffensives, se changeraient en véritables tortures, que vos officiers seraient impuissants à faire cesser.

Les trucs des roublards.

A la caserne comme partout ailleurs, il y a bien des genres d'individus, et parmi ceux-ci, les roublards qui cherchent constamment l'occasion de pouvoir tirer au flanc, ou laisser faire le travail, les corvées par les camarades. Les roublards sont assez nombreux, et aussi chacun s'ingénie-t-il pour pouvoir trouver quelque nouveau truc qui réussisse sûrement. C'est ainsi que ceux qui sont punis de salle de police ou de consigne pour le dimanche ne manquent pas de se faire inscrire pour la corvée qui doit porter les rôtis chez le boulanger en ville. Naturellement on se fait bien une idée de la lenteur de cette corvée à travers la ville, mais c'est une corvée agréable.

Il y a encore une autre corvée qui peut vous prendre une bonne partie de la journée, c'est le jour du ramassage du linge à donner au blanchissage. Ceux qui peuvent entrer aux cuisines ont là un poste à envier, car en outre que le travail n'y est pas désagréable; ils ont l'avantage de s'offrir d'excellents morceaux, c'est toujours autant d'attrappé!

Et l'homme du percolateur, voilà un veinard qui ne cèderait pas volontiers sa place. Le travail du fabricant de café consiste à faire le café nécessaire aux hommes, de bonne heure le matin, mais le reste de la journée, l'homme du percolateur nettoie son appareil, aussi peut-il n'en prendre qu'à son aise.

Encore un excellent truc, réservé aux cavaliers, celui-là : chaque fois que votre escadron prendra la garde, tâchez de vous faire mettre de planton aux tas de fumiers. Ce poste consite à empêcher de jeter sur les fumiers toutes sortes d'ordur et a l'avantage de pouvoir faire gagner quelques sous à l'homme qui est de faction si celui-ci, ne craignant pas la peine, veut bien aider aux hommes de l'adjudication des fumiers à charger les charriots.

La poste de garde de manège est encore une heureuse sinécure, car on est dispensé de toutes les corvées, et même des revues hebdomadaires.

Et le poste de coiffeur de la compagnie ou de la batterie, c'est le poste lucratif par excellence; outre que le coiffeur doit vous raser gratuitement, beaucoup d'hommes de la compagnie n'hésitent pas à lui glisser une pièce de dix centimes pour être rasés convenablement et sans douleur. Voilà un heureux gaillard, que ce coiffeur, et il peut même réaliser quelques économies; avis à ceux qui ont pratiqué ce métier dans la vie civile.

CONSEILS PRATIQUES RELATIFS AU FUSIL
modèle 1886 - m. 1893

Dénomination de toutes les pièces de l'arme.

Quelques jours seulement après votre arrivée à la caserne on vous mettra dans les mains un fusil; le fusil avec lequel vous allez passer la durée de votre service; voilà qui attire votre curiosité et vous êtes avides de le voir déjà en fonctionnement.

Nous allons donc pour bien faire connaître l'arme, donner la dénomination de toutes les pièces qui le composent, et en résumant le côté théorique avec les démonstrations pratiques du caporal ou de votre ancien, vous parviendrez facilement à bien connaître votre arme, une des choses principales pour devenir un bon tireur, aussi nous vous recommandons de lire et d'étudier sérieusement ce passage.

Nomenclature. Ar. 1er. — Le fusil modèle 1886, m. 1893, se divise en six parties principales, savoir : 1° le canon ; 2°

la culasse mobile ; 3° le mécanisme de répétition ; 4° la monture en deux pièces ; 5° les garnitures ; 6° l'épée-baïonnette.

Canon. — Le canon comprend deux parties : le canon proprement dit ; la boîte de culasse.

Le canon, en acier trempé, est bronzé extérieurement. A l'intérieur on distingue :

La bouche du canon ;

L'âme cylindrique, du calibre de 8 millimètres ; ses quatre rayures en hélice, tournant de droite à gauche et faisant un tour sur 24 centimètres, avec une profondeur uniforme de $0^{m}/^{m}15$; ses quatre cloisons, dont la largeur est égale à la moitié de la largeur des rayures ;

La chambre qui reçoit la cartouche ;

Le logement de la balle, dans lequel viennent se terminer les rayures ; le logement du collet de l'étui, limité par une butée tronconique qui le raccorde avec le logement de la balle ; le raccordement ; les logements des deux cônes postérieurs du corps de l'étui ; le chanfrein de l'entrée de la chambre.

A l'extérieur du canon on distingue :

La tranche de la bouche,

Le contour tronconique,

Le renflement du tonnerre, son raccordement avec le contour tronconique, la fente de repère sur la génératrice supérieure, le pan pour l'enculassage ;

Le bouton fileté, qui se visse sur la boîte de culasse,

Le logement de l'extracteur, son fond conique, ses deux

raccordements latéraux;

La tranche postérieure du bouton, l'aminci circulaire correspondant au logement de l'extracteur;

L'embase du guidon, d'une seule pièce avec le canon, sa tranche postérieure porte un trait de repère placé dans le plan de symétrie de l'arme;

Le petit tenon d'épée-baïonnette et ses deux plans inclinés, d'une seule pièce avec le canon;

Le grand tenon d'épé-baïonnette, soudé à l'étain sur le canon,

Le guidon, ajusté à queue d'aronde et soudé à l'étain sur son embase: le corps, le grain d'orge à profil arrondi et dont l'arrête supérieure est de 0m/m5 à gauche du plan de tir, le sommet. Le corps du guidon porte, sur la tranche postérieure, un trait de repère correspondant à l'embase.

La hausse comprend huit pièces, savoir:

1° Le pied de hausse, soudé à l'étain sur le canon;

Les gradins, le logement du ressort, sa partie plane, son plan incliné, sa fente rectangulaire, le trou taraudé pour la vis de ressort, l'œil de charnière, les trous de goupille.

Sur la face gauche du pied de hausse, un chiffre, inscrit au-dessous de chaque gradin, indique la distance de tir à laquelle correspond ce gradin. Ces chiffres sont, de l'arrière à l'avant, 4, 5, 6, 7, 8, représentant les distances de 400 à 800 mètres;

2° Le ressort de hausse, sa branche, la queue d'aronde, le trou de la vis;

3° La vis de ressort de hausse;

4° La planche mobile, qui porte trois crans de mire : celui de 250 mètres, sur le pied de la planche rabattue en avant, celui de 2.000 mètres (marqué 20), sur le sommet de la planche, le troisième, pratiqué dans le talon de la planche et donnant les lignes de mire de 400 à 800 mètres lorsqu'on fait reposer le curseur sur les différents gradins du pied. La planche est graduée : à droite pour les distances de 100 en 100 mètres, à gauche pour les distances de 50 en 50 mètres, au-dessus de chaque trait de la graduation de droite est le chiffre indicateur de la distance (de 900 à 1900 mètres).

On distingue en outre dans la planche : la fente, les côtés, le pied et son trou de goupille, le trou taraudé de la vis-arrêtoir, le talon et ses coulisses pour le passage du curseur;

5° Le curseur, qui porte le cran de mire mobile pour les distances de 900 à 1.900 mètres, le corps, les coulisses, les côtés quadrillés, le trou pour le pivot du ressort;

6° Le ressort de curseur, logé dans la coulisse gauche, le corps, le pivot;

7° La vis arrêtoir du curseur;

8° La goupille qui maintient la planche sur le pied.

Le pied de hausse est bronzé comme le canon, les autres pièces sont mises à la couleur bleue.

Boite de culasse. — La boite de culasse, vissée sur le canon, présente à sa partie supérieure le logement de la culasse mobile et à sa partie inférieure, celui du mécanisme de répétition.

Dans la partie supérieure de la boîte de culasse, on distingue :

Le contour extérieur cylindrique, entaillé en dessous pour le passage du tube-arrêt de piston, son chanfrein, la fente de repère du chanfrein, à l'intérieur, l'écrou pour le bouton du canon, le logement des tenons de tête mobile, les épaulements d'appui des tenons et leurs rampes symétriques, l'âme cylindrique, ses trois entailles, deux pour le passage des tenons, une pour le passage de l'extracteur, la fente supérieure, l'échancrure pour le rabattement du cylindre, la tranche antérieure de l'échancrure, qui se prolonge vers la partie supérieure de la boîte par la rampe de dégagement, la tranche postérieure de l'échancrure et sa rampe hélicoïdale, la rainure latérale pour l'échappement des gaz, le trou taraudé pour la vis-éjecteur, le passage du tenon inférieur de tête mobile, la butée de la tête mobile, le logement de la queue d'auget, la fente pour la tête de gâchette, à l'arrière, la queue de culasse avec le trou taraudé de vis de culasse et le trou taraudé de vis postérieure de sous garde.

A la partie inférieure de la boîte de culasse, le logement du système de répétition est formé par deux joues latérales et une face antérieure. Dans celle-ci l'on remarque : en avant le logement de l'extrémité du fût, l'encastrement du tenon d'attache du fût, le ressaut contre lequel porte la tranche du tube-arrêt de piston, le trou pour le passage des cartouches ; en arrière, l'encastrement du tenon d'attache du corps de mécanisme, la fente pour le passage de l'arrêt de cartouche.

Les deux joues de la boîte de culasse laissent entre elles, à la partie inférieure, une large ouverture pour le passage du système de répétition, le logement du corps de mécanisme et celui de la feuille antérieure du pontet. Elles sont percées, la joue gauche d'un trou non taraudé, la joue droite d'un trou taraudé pour la vis de mécanisme. A l'arrière, elles se terminent par deux faces inclinées planes contre lesquelles prend appui la tranche antérieure de la crosse. A l'intérieur elles présentent chacune un ressaut qui sépare la partie inférieure du logement du mécanisme de la partie supérieure où se meut l'auget. On y distingue encore, dans la joue droite, les deux échancrures pour le bouton du levier de manœuvre, et, à l'intérieur, l'évidement pour le passage du butoir d'auget.

La boîte de culasse porte :

La vis-éjecteur, dans laquelle on remarque : la tête et ses deux crans de démontage, la partie filetée, l'éjecteur ;

La vis de mécanisme.

Culasse mobile. — La culasse mobile comprend huit pièces, savoir :

1° La tête mobile, le corps cylindrique, les deux tenons de fermeture, la cuvette, le bouton et sa nervure, le logement du talon de l'extracteur et celui de sa branche, la fente latérale pour l'éjecteur, la fente inférieure pour la tête de gâchette, le collet, le trou de la vis d'assemblage, le canal du percuteur, comprenant la partie ovale et les deux parties cylindriques ;

2° L'extracteur, dont le talon est taillé en queue d'aronde, la branche, la tête, son plan incliné, sa griffe ;

3° Le cylindre, dans lequel on distingue : le renfort antérieur, sa tranche antérieure, l'arrondi qui glisse sur la rampe de dégagement dans le mouvement d'ouverture de l'arme, la nervure-guide, le logement ou bouton de la tête mobile et de sa nervure, le trou taraudé et la vis d'assemblage.

Le corps cylindrique, la tranche antérieure, le logement du ressort à boudin, le canal du percuteur, la fente inférieure pour la tête de gâchette, la fente latérale et la fente transversale pour l'éjecteur, la tranche postérieure, la rainure de départ, la rampe hélicoïdale, le cran de l'armé.

Le renfort du levier;

Le levier, le pommeau, le corps;

4o Le chien, le corps cylindrique, la tranche antérieure, le canal du percuteur, le logement du manchon, son étouteau, les deux cloisons, les deux coulisses croisées qui forment l'entrée du logement;

Le coin d'arrêt, sa rampe hélicoïdale, son dégagement cylindrique;

Le renfort, la gorge, la crête, le quadrillage, la fente de repère;

Le cran de départ, ou partie de la tranche antérieure du corps cylindrique qui s'appuie, à l'armé, contre la tête de gâchette, le cran de repos, le cran de l'abattu;

5o Le percuteur, la pointe, la partie cylindrique de l'avant, le méplat, l'embase, la tige, le T;

6o Le manchon, la tête, les cordons molettés, la fente de repère, le collet, les ailettes, les méplats, les épaulements d'arrêt, le logement du T;

7o Le ressort à boudin;

8o La vis d'assemblage du cylindre et de la tête mobile; la

tête et sa fente, les filets, la partie non filetée, qui pénètre dans le collet de la tête mobile. Les vis d'assemblage placées sous les cylindres à renfort intérieur rapporté présentent un collet cylindrique entre la tête et la partie filetée ;

9° Le tampon-masque, dans lequel on distingue : le tampon qui bouche le passage du tenon supérieur de la tête mobile lorsque la culasse est fermée, le masque destiné à rejeter vers le haut les gaz non arrêtés par le tampon, le collier servant à relier la pièce à la tête mobile ; sa butée à entaille cylindrique pour l'étouteau de tête mobile.

Mécanisme de répétition. — Les pièces du mécanisme de répétition sont assemblées sur une plaque à oreilles, appelée corps de mécanisme, en même temps que celles qui forment le mécanisme de détente de l'arme. Cet assemblage des deux mécanismes constitue un tout que l'on désigne simplement sous le nom de mécanisme de répétition.

Le mécanisme de répétition proprement dit comprend dix pièces, savoir : le corps de mécanisme, la vis de mécanisme, l'auget, le butoir d'auget, le levier de manœuvre, le ressort du levier de manœuvre, l'arrêt de cartouche, composé d'un levier, d'un ressort et d'une vis de ressort, la vis-goupille d'arrêt de cartouche.

Le mécanisme de détente comprend cinq pièces, savoir : la gâchette, la détente et sa goupille, le ressort de gâchette et sa vis.

Corps de mécanisme. - On y remarque :

La plaque, le logement de la feuille antérieure du pontet et le trou de sa vis, l'échancrure pour le passage du levier de manœuvre; à l'avant, le tenon d'attache du corps de mécanisme, sa fente pour le passage de l'arrêt de cartouche, en dessus, les deux nervures entre lesquelles se trouvent le logement de l'arrêt de cartouche et le logement du bec d'auget; le logement de l'œil du ressort de levier de manœuvre, les trois trous, dont un taraudé (dans la nervure gauche) pour la vis-goupille d'arrêt de cartouche.

Les oreilles, le trou non taraudé pour la vis de mécanisme, les deux trous pour l'axe du levier de manœuvre, la trou de l'oreille droite prolongé par une échancrure pour le passage de la came du levier, dans l'oreille droite, le trou taraudé pour la vis de ressort de gâchette, entre les deux oreilles, le dégagement pour la branche inférieure du ressort de gachette, le logement du rouleau du ressort, prolongé par le trou pour le pivot du rouleau.

Au corps de mécanisme est fixé, par sa feuille antérieure; le pontet de sous-garde, qui sert à enlever et à remettre en place le mécanisme de répétition.

Vis de mécanisme. - Elle sert à relier le mécanisme à la boîte de culasse. On y distingue la tête et sa fente, la tige, qui s'amincit vers l'extrémité pour donner de l'entrée à la vis, les filets.

Auget. - On distingue dans l'auget :

Le bec, sa fente pour le passage d'arrêt de cartouche.

Le corps, le logement de la cartouche, ses bords, ses recouvrements et leur raccordement avec les bords, le fond, l'évidement du fond; le passage du tenon inférieur de la tête mobile, à droite et à gauche, les parois, en dessous, les deux nervures qui s'appuient, à l'abattu, sur celles du corps de mécanisme, le talon, sur le dessous et sur le devant duquel agit successivement le grand bras du levier d'arrêt pour maintenir l'auget dans ses deux positions.

La queue, le butoir de relèvement, le trou pour l'axe du levier de manœuvre, le trou pour le pivot du butoir d'auget, le logement de l'œil de gâchette, l'évidement où se meut la griffe du butoir d'auget, sur la face gauche, l'épaulement qui sert de butée contre l'oreille gauche du corps de mécanisme pour assurer la position de l'auget dans le remontage.

Butoir d'auget. - On y distingue :

Le pivot, la griffe, sur laquelle agit la came du levier de manœuvre, la queue, sur laquelle presse le renfort du levier du cylindre pour faire descendre l'auget, le gradin, qui fournit un levier d'appui pour le remontage du ressort de levier de manœuvre, la tranche inférieure, par laquelle le butoir prend appui sur la nervure droite du corps de mécanisme, de manière à relever l'auget lorsque, celui-ci ét ant à l'abattu, on met le levier de manœuvre à la position du tir coup par coup.

Levier de manœuvre. - On y distingue :

L'axe, qui sert à assembler l'auget et la gâchette au corps de mécanisme, sa came, qui agit sur la griffe du butoir, le bras de levier en forme d'S, les deux faces d'appui du ressort du levier de manœuvre, formant deux plans inclinés en dedans, le bouton quadrillé et son collet qui le relie au levier.

Ressort de levier de manœuvre. - On y distingve :

L'œil, la branche coudée, la tête, son contour arrondi et son profil incliné, qui sert à la maintenir sous les faces d'appui du levier.

Arrêt de cartouche. - Il comprend :

Le levier, le grand bras, son plan incliné qui agit sur le talon d'auget, le logement du pivot du ressort, le trou taraudé pour la vis du ressort, le trou pour la vis-goupille et ses bouterolles, le petit bras, le bec.

Le ressort, qui fonctionne à la fois comme arrêt de cartouche et comme ressort d'auget, la griffe, la petite branche, la grande branche, le trou non taraudé pour la vis de ressort, le pivot.

La vis de ressort, qui lie le ressort au levier.

L'arrêt de cartouche est assemblé au corps de mécanisme, en même temps que le ressort de levier de manœuvre, par la vis goupille arrêt de cartouche, celle-ci comprend la tête, la partie filetée et la goupille.

Le mécanisme de détente comprend :

La gâchette, la tête de gâchette, les ailettes, la fente qui reçoit la détente, les trous de goupille, le corps, évidé du côté droit, le logement du rouleau du ressort de gâchette; l'œil, son épaulement, son chanfrein.

La détente à double bossette, le corps, la queue, les deux bossettes, le trou de goupille, l'épaulement.

La goupille de détente, qui relie la détente à la gâchette.

Le ressort de gâchette, les deux branches symétriques, les rouleaux, les pivots de rouleau. L'un des rouleaux a son pivot à droite et l'autre son pivot à gauche, de façon que le ressort puisse être remonté indifféremment dans les deux sens.

La vis de ressort de gâchette, qui maintient le ressort en place sur le corps de mécanisme, en empêchant le pivot inférieur de sortir de son trou.

4° Monture. - La monture est en deux pièces : le fût et la crosse.

Fût. - Le fût contient le magasin de cartouches et les différentes pièces qui complètent ce magasin, savoir : le tube-arrêt de piston, la goupille de tube-arrêt, le ressort de magasin, le piston et sa goupille.

Dans le fût proprement dit on remarque : le logement du tube-arrêt de piston, le trou pour la goupille de tube-arrêt, la cloison qui sépare le magasin du logement du canon; la cheville de fût, qui traverse cette cloison vers l'arrière pour la garantir des fentes; le bouchon du magasin, collé dans la partie antérieure du fût, et maintenu par une cheville de bouchon également collée; l'emplacement de l'embouchoir et son épaulement ; l'épaulement de la grenadière; les encastrements des ressorts de grenadière et d'embouchoir; l'évidement circulaire du ressort d'embouchoir; les évidements latéraux pour la main gauche du tireur; la tranche postérieure; le tenon qui sert à réunir le fût à la boîte de culasse.

Le tube-arrêt de piston est étamé. Il comprend :

Le tube-arrêt proprement dit, dont l'entrée est raccordée avec le magasin creusé dans le fût; son rebord pour arrêter la course du piston ;

Le tenon d'attache du fût, brasé sur le tube-arrêt ; l'échancrure pour la goupille, le crochet, son épaulement, son plan incliné;

Le ressort de magasin s'appuie, par son extrémité libre, contre le fond du magasin, l'autre extrémité pénètre dans le piston, auquel elle est reliée par une goupille. On distingue dans le piston : le corps à profil évidé, les trous de goupille, l'épaulement, le collet, à l'intérieur, le logement du ressort de magasin.

Crosse. - On distingue dans la crosse :

La crosse proprement dite, le bec, le talon, le busc, l'encastrement du devant de la plaque de couche, les trous pour les deux vis de plaque, le trou d'allègement, l'encastrement de l'embase du battant, les trous des deux vis de battant.

La poignée, l'encastrement de la queue de culasse, celui de la feuille postérieure du pontet, celui du support de vis de culasse; les deux trous pour la vis de culasse et pour la vis postérieure de pontet; le trou pour la vis de support de culasse; les oreilles, entre lesquelles se trouve le passage de la détente et de la gâchette, leur tranche antérieure, leur chanfrein; le trou pour le support d'oreilles, et les logements de sa rosette et de son écrou.

Le support d'oreilles, la rosette, la tige et ses filets; l'écrou vissé et rivé sur la tige, ses deux crans de démontage.

Garnitures.

Embouchoir. - La bande, les coulisses, la fente pour le passage du guidon, le logement circulaire de la poignée de la baïonnette, le trou du pivot de ressort.

Ressort d'embouchoir. - La goupille, le corps, l'épaulement, le pivot.

Grenadière. - La bande, les coulisses, le pivot de battant, le trou du pivot, le bec.

Anneau de battant de grenadière. - Les rosettes, les trous du rivet, le rivet de battant.

Ressort de grenadière. - La goupille, le corps, l'épaulement.

L'embouchoir et la grenadière sont bronzés, les ressorts bleuis au feu.

Pontet ou sous-garde. - Le corps, la feuille antérieure, qui s'adapte à queue d'aronde sur le corps du mécanisme, la feuille postérieure, les trous des deux vis, la fente pour le passage de la détente.

Vis antérieure de pontet. - Elle réunit le pontet au corps de mécanisme. La tête et ses crans de démontage, les filets.

Vis postérieure de pontet. - Elle traverse la poignée de la monture et se visse dans la queue de culasse. La tête et sa fente, la tige, les filets.

Support de vis de culasse. - Le corps, la bouterolle, les deux trous de vis.

Vis à bois de support de vis de culasse. - La tête plate, sa fente, les filets.

Vis de culasse. - La tête et ses deux crans, la tige, ses filets.

Battant de crosse. - Il comprend : l'anneau, ses rosettes, les trous du rivet, l'embase, son pivot, les trous des deux vis, le rivet de battant, les deux vis à bois de battant de crosse.

Plaque de couche. - Le devant et son trou de vis, le dessous et son trou de vis, la face intérieure avec ses deux évidements et sa nervure.

Les deux vis à bois de plaque de couche.

ÉPÉE-BAIONNETTE

L'épée-baïonnette se divise en trois parties principales; la lame, la monture et le fourreau.

Lame. - On y distingue :

La lame quadrangulaire proprement dite ; le talon, les quatre-arêtes, les quatre gouttières, la pointe.

La soie : la partie lisse, la partie filetée, le trou du rivet de croisière (dans la partie lisse) ; le trou de la vis de poïgnée (dans la partie filetée).

Monture. - La monture comprend :

La poignée, en bronze de nickel ; la tête, qui pénètre dans le logement de l'embouchoir, le corps, la rainure pour le grand tenon ; l'emplacement de la virole ; le tenon qui pénètre dans le collet de la croisière : les trous pour la vis de poignée; la partie taraudée qui se visse sur la soie, l'évidement intérieur; le bouchon rivé (en acier) ;

La vis de poignée, qui assure l'assemblage de la poignée et de la soie, et dont la tête sert à limiter les mouvements du poussoir ;

La croisière, en acier ; le corps, le quillon, la douille, les deux fentes de la douille, l'une pour le guidon, l'autre pour le petit tenon ; le trou de la soie ; le collet qui reçoit le tenon de la poignée; les trous du rivet de croisière, le logement du poussoir et de son ressort; l'axe du ressort de poussoir, vissé et rivé sur la croisière;

La virole, en acier; le corps, le poussoir quadrillé, le logement du ressort de poussoir, l'échancrure pour la tête de la vis de poignée, le taquet et son plan incliné.

Le ressort à boudin de poussoir.

Fourreau. - Le fourreau, en acier, est bronzé. Il comprend:

Le corps de fourreau, l'entrée, le trou du rivet de cuvette;

Le bracelet-pontet, brasé sur le fourreau;

Le bouton, brasé sur le fourreau, le bouton proprement dit, la tige qui pénètre dans le fourreau, son évidement conique;

La cuvette; le corps, le trou du rivet, les quatre battes

Le rivet de cuvette.

CONSEILS PRATIQUES POUR L'ASTIQUAGE

La nomenclature des pièces et parties du fusil est un peu longue, et cependant il importe que chacun la connaisse bien; plus loin vous trouverez les conseils nécessaires pour l'entretien de l'arme; nous donnons ici les prodédés les plus employés pour être toujours propre et d'une tenue irréprochable, au résumé les conseils nécessaires pour l'astiquage en général.

Un jeune soldat ne saura bien se faire valoir qu'autant qu'il aura d'ordre et de propreté en ce qui concerne ses effets et son équipement.

S'il se tire facilement d'embarras, et s'il est « bien astiqué » selon le terme consacré, il sera bien noté de ses chefs, ce qui n'est pas à dédaigner.

Jeunes gens, seriez-vous au moral la crême des soldats, c'est-à-dire discipliné, rempli de déférence pour vos chefs, en même temps que brave et intelligent, si, à l'ordinaire, vous n'êtes pas bien astiqué, jamais vous ne serez heureux.

Dans l'armée, où, avec le service restreint, le temps manque — et cela se comprend — pour parfaire l'étude des caractères, on juge toujours le fond d'après la superficie, et nous constatons de plus en plus souvent qu'il est matériellement impossible de faire croire à un chef que, sous un extérieur mal asttqué, peut parfois exister une belle âme.

Nous recommanderons donc aux jeunes soldats d'apporter toute leur bonne volonté en ce qui concerne l'astiquage et avec les conseils qui vont suivre, ils pourront se faciliter la tâche et mériter les notes qu'ils doivent aspirer.

Un moyen pour faire briller les cuirs.

Voici un excellent moyen pour faire briller les cuirs pour une revue de parade. Avec un œuf, il est facile de donner aux cuirs un brillant d'une durée momentannée, (deux heures environ) ce qui suffit quelquefois pour une revue d'astiquage. N'employez que le blanc de l'œuf que vous étendrez sur les cuirs, et instantanément vous obtiendrez un brillant irréprochable sur vos cartouchières ou ceinturon.

Pour blanchir les guêtres et les gants.

Lorsque vous procéderez au lavage de vos guêtres, rendez-les d'une blancheur éclatante en les savonnant et frottant bien au savon et à la brosse, puis en les passant au blanc de guêtre; prendre la précaution de les faire sécher à l'ombre, car en les exposant au soleil, on risquerait de les voir jaunir en séchant.

Pour les gants, employez le même procédé de lavage et après le savonnage, ayez soin de les rincer à l'eau bien claire.

Le meilleur moyen pour bien faire briller les boutons des Tuniques, Capotes ou Dolmans.

Chacun aura vite appris à se servir de la patience, l'instrument exclusif pour le nettoyage des boutons. On étend avec un petit chiffon une légère couche de tripoli et l'on frotte énergiquement avec la brosse à patience.

En faisant un mélange de tripoli, de blanc d'Espagne et de vinaigre, on obtient un liquide qui rend les plus grands services pour le nettoyage des boutons de cuivre.

Pour les boutons nickelés, on emploie d'ordinaire le blanc d'espagne.

Voici un moyen qui est beaucoup apprécié pour faire briller les cuivres de votre équipement ou harnachement.

Prenez un pot de brillant belge, mélangez avec de l'huile ordinaire, ce qui vous donnera un produit en plus grande quantité et d'une qualité excellente pour l'entretien des cuivres.

Nettoyage des effets d'habillement.

Voici comment on procède pour le nettoyage des capotes, tuniques, vestes ou pantalons :

On a d'abord le soin de bien les battre avec le martinet, puis on les frotte avec la brosse à habits, de sorte qu'il ne reste plus de poussière, ce qui rendra les taches visibles, s'il y en a.

Pour enlever les taches, il y a plusieurs procédés : à l'eau tiède, cela réussit très bien ; le savon blanc est indispensable pour les doublures ; l'ammoniac étendu d'eau rend aussi de grands services pour enlever les taches rebelles sur le drap.

Comment on lave les doublures.

Les doublures des vêtements doivent toujours être dans un état constant de propreté ; il est très facile de les y maintenir.

Pour laver la doublure d'une capote ou d'une tunique, on fait endosser le vêtement retourné à un camarade ; on a ainsi toute facilité pour bien la laver au savon, avec une brosse, et rincer à grande eau, de façon à faire disparaitre tout le savon, puis, pour faire sécher, l'exposer au grand air, à l'ombre, de préférence.

Ne laver les doublures que lorsque le drap des vêtements sera exempt de toutes taches.

Nettoyage du képi.

Nettoyer souvent l'intérieur, de façon à ne pas y laisser ramasser de crasse, frotter légèrement le cuir avec un chiffon humide et brosser le drap de manière à faire disparaître la poussière qui y adhère pendant les marches ou l'exercice.

La visière du képi doit toujours briller, en la frottant avec un linge sec ; s'il arrive qu'elle ne brille pas bien, il suffit d'étendre un peu d'encaustique et de frotter avec un morceau de drap.

Conseils pour nettoyer la batterie de cuisine du soldat.

Rien n'est plus facile que de toujours avoir ses ustensiles de cuisine aussi reluisant que s'ils étaient neufs. En mélangeant du blanc d'Espagne avec du savon minéral, à quantité suffisante, on obtient un mélange qui vous donne facilement le résultat désiré.

Pour faire reluire les chaussures.

Il est facile de faire reluire les chaussures et les cuirs de basane en ajoutant quelques gouttes de pétrole dans le cirage, mais nous ne recommandons pas trop l'usage du pétrole qui a l'inconvénient d'attaquer un peu les cuirs.

Pour cirer les chaussures, il faut au préalable enlever la boue ou la poussière, puis, étendre une légère couche de cirage et frotter énergiquement avec la brosse destinée à cet usage.

Lorsque l'on veut graisser les chaussures, elles doivent être bien lavées, puis bien essuyées avec un morceau d'étoffe ; frotter avec la main pour bien faire pénétrer la graisse dans le cuir avant que la chaussure ne sèche.

En temps de neige ou de pluie, graisser souvent les chaussures.

Recette d'encaustique.

Mettez pour soixante centimes de cire jaune, ou cire à parquet, préalablement râpée, dans une vieille gamelle; ajoutez pour trente centimes d'essence de térébentine et pour quarante centimes de vernis noir du Japon. Laissez ces trois ingrédients séjourner ensemble de six à huit heures, et après ce laps de temps, vous posséderez une encaustique supérieure.

Pour bien faire la charge du sac.

Lors des revues de chambre, les caporaux et brigadiers font endurer mille misères aux malheureux qui ne peuvent arriver à présenter une charge bien carrée.

Dans le but de parvenir à ce résultat qui, somme toute, n'a d'importance que pour l'œil de la chambrée, suivez ce petit conseil, c'est-à-dire servez-vous de planchettes, taillées suivant les mesures voulues, qui, introduites dans les vêtements pliés, donneront tout à fait bon air à votre charge en empêchant le malheureux affaissement.

Soins de propreté.

Le matin les hommes doivent se laver au savon les mains et la figure, se nettoyer la tête et se rincer la bouche.

On ne doit pas s'essuyer avec la serviette d'un camarade. Chaque semaine les hommes doivent changer de linge de corps, s'ils transpirent, ils doivent en changer deux fois, de préférence. Le linge sale est placé dans la palette du portemanteau ou du havre-sac, en attendant de l'envoyer au blanchissage.

Le caporal veille à ce que les hommes se lavent les jambes et les pieds une fois par semaine.

Chevelure et barbe.

Les cheveux seront toujours coupés à l'ordonnance, c'est-à-dire court, surtout par derrière.

Les hommes doivent se faire raser deux fois par semaine, ils doivent être rasés pour les jours de revue et pour le service. Le port de la barbe est toléré, toutefois elle ne doit pas être trop longue, de façon à ne pas cacher les écussons du col.

La manière de fixer la cravate.

Lorsque la cravate a été lavée et séchée, elle doit être pliée soigneusement et ne pas faire de vilains plis. Voici comment on doit s'y prendre pour plier la cravete et la fixer au cou :

Plier la cravate en deux, dans le sens de la longueur, puis en trois, la placer sur le col de la chemise, le milieu sur le devant, puis faire revenir les extrémités en croisant, de façon à pouvoir former le nœud plat sur le devant ; les pans sont maintenus à la chemise par deux épingles cachées. N'oubliez pas que la cravate doit faire deux tours.

Quelques conseils pour bien faire le lit.

Le lit se compose d'une paillasse, d'un matelas, d'une couverture, d'un traversin et en hiver d'un couvre-pied en plus.

Pour faire le lit, bien remuer la paille, de façon à l'égaliser tout en la repoussant un peu plus vers les bords, puis mettre le matelas sur la paillasse, puis placer un des draps, la couture en dessous, puis le deuxième drap, la couture en dessus, et les replier sous le matelas ; à la tête, envelopper le traversin avec la partie qui dépasse et placer la couverture, repliée comme les draps et entourant le traversin.

NETTOYAGE & ENTRETIEN DU FUSIL

Le soldat est obligé de maintenir ses armes dans un état continuel de propreté et de bon fonctionnement ; ci-dessous les indications nécessaires pour avoir toujours ses armes d'une propreté irréprochable.

Entretien en garnison. - Voici les objets nécessaires à l'entretien du fusil à la caserne :

Nécessaire de chambrée ;

Une boîte à graisse et une pièce d'étoffe grasse ;

La brosse d'armes ;

Des curettes en bois, des chiffons et du drap ;

De l'huile, de la brique anglaise ;

Une baguette de nettoyage, une baguette de graissage ;

Deux tournevis-chassoirs ;

Chaque soldat est possesseur d'une ficelle exclusivement réservée au nettoyage du fusil.

Canon. - Le canon se nettoie à l'intérieur, lorsqu'on a retiré la culasse mobile, avec la baguette de nettoyage entourée d'un chiffon.

Culasse mobile. - Les pièces de la culasse mobile doivent être bien essuyées à sec, convenablement nettoyées et graissées avant le remontage.

La monture doit être bien essuyée, enlever la rouille avec un chiffon huilé.

Les pièces en fer ou en acier non bronzées qui auraient des taches de rouille devront être frottées au chiffon huilé, et si la rouille était trop tenace, l'imbiber de quelques gouttes d'huile et à la rigueur avec une légère partie de brique pillée bien mélangée avec de la graisse.

Pour les pièces bleuies ou bronzées, les matières susceptibles de faire des rayures sont interdites, ces pièces ne doivent être nettoyées qu'avec des chiffons doux huilés.

PAQUETAGE

Paquetage intérieur du havresac modèle 1893. — La chemise pliée est placée de façon à couvrir complètement et également la surface intérieure du sac et à former ainsi une sorte de matelas.

Les pains de guerre, contenus dans deux sachets de toile coton (douze pains par sachet), sont placés de la façon suivante : les deux sachets superposés, le premier prenant appui sur la planche inférieure du cadre par l'une de ses deux plus petites faces. La baguette du fusil sur la chemise et contre le sachet supérieur de pain de guerre. La boîte de potage au milieu du dos du sac et prenant appui par le côté sur le sachet supérieur. Les sachets de petits vivres à droite de la boîte de potage.

Le mouchoir, la calotte de coton, le savon, la courroie de sautoir, le nécessaire d'armes, s'il y a lieu, et la trousse garnie, à gauche de la boîte de potage.

Recouvrant le tout, la veste ou bien la tunique, pliée la doublure en dehors, suivant la dimension du cadre.

Le livret individuel dans la poche de la palette, la cuiller et le quart dans l'étui-musette.

Paquetage extérieur. — Sont portés à l'extérieur : les souliers enveloppés dans un étui-musette, la gamelle individuelle, la boîte de conserve, les ustensiles de campement et les outils portatifs. Au préalable, introduire dans l'un des deux souliers les guêtres de toile, dans l'autre les sous-pieds de rechange et la boîte à graisse ou la brosse qui revient à l'homme. Appliquer les souliers l'un sur l'autre, les semelles en dehors, la pointe de l'un tournée vers le talon de l'autre, de telle façon que la longueur totale des deux souliers juxtaposés, de l'extrémité d'un talon à l'extrémité de l'autre, soit égale à la dimension intérieure de l'étui musette dans lequel ceux-ci doivent trouver place. Placer les souliers dans l'étui-musette dont on a rentré la banderole à l'intérieur, ployer en deux l'étui-musette et le mettre, la palette en dessus, sur la partie supérieure du sac, l'ouverture tournée vers la tête de l'homme ; enfin l'arrimer avec les deux courroies de la capote. La petite gamelle, le couvercle en dessus, sur l'étui à chaussures et légèrement inclinée en arrière.

Les effets de campement placés sur la palette comme il suit :

Le grand bidon en travers du sac, le goulot en haut, (dans les corps pour lesquels cet ustensile est encore en service) ;

La grande gamelle, la concavité tournée vers le sac ;

Le seau en toile à plat, le fond extérieurement maintenu par la grande courroie introduite sous les cordes du fond ;

La marmite, le couvercle en dessus, l'anse maintenue abaissée par la grande courroie du sac ;

Le moulin à café, la base contre le sac ;

Le sac à distribution plié et placé sur le dessus du sac ;

La boîte de conserve au-dessus du passant du sac, entre la gamelle et les effets de campement ;

La grande courroie du sac passant par les anses des objets de campement, de la boîte de conserve et de la petite gamelle afin de leur donner la fixité nécessaire ;

Viennent ensuite les outils portatifs.

Paquetage avec la capote. — La capote, pour être placée sur le sac, est roulée en boudin sur une longueur telle qu'elle encadre exactement le dessus et les côtés du sac, en prenant soin toutefois que les extrémités du rouleau soient maintenues à une certaine distance du bas des côtés du sac, environ deux doigts ; elle est fixée en fer à cheval sur la partie supérieure du sac par les deux petites courroies et par la grande courroie de charge et au bas des côtés par les courroies du côté à ce destinées.

L'étui à chaussures est placé sur la capote, et la petite gamelle sur l'étui à chaussures. Le placement des outils portatifs et des effets de campement reste le même que celui précédemment indiqué.

Paquetage avec la toile de tente modèle 1897 et la demi-couverture. — La demi-couverture, pour être placée sur le sac, est roulée puis fixée en fer à cheval comme il est indiqué pour la capote. La toile de tente, pliée sur la couverture. Les deux tronçons de support brisés, dans la partie de la toile de tente qui repose sur le dessus du sac. Les piquets de tente attachés ensemble par les petits cordeaux de tente et le cordeau de tirage, dans l'intérieur du sac, entre la boîte de potage et la planche supérieure du sac. L'étui à chaussures repose sur la toile de tente : la petite gamelle sur l'étui à chaussures.

Vivres de jour.

En principe, dans les différents paquetages, le pain ne doit pas être placé à découvert sur le havresac ; la pluie le mouille et le détrempe ; par les temps secs, il se couvre de poussière.

Une partie du pain devra toujours être mise dans l'étui-musette pour le repas à faire pendant la route ; l'autre partie sera placée dans un des objets de campement, marmite, grand bidon, gamelle ou seau en toile ; à défaut de ces objets, sous la palette du sac.

La portion de viande froide pour la grand'halte ou la viande crue, suivant le cas, sera toujours mise dans la petite gamelle.

Extraits du Règlement du 6 Juillet 1900.

Les différentes tenues.

Il y a quatre tenues : La tenue du matin, portée jusqu'à 1 heure de l'après-midi ; La tenue de jour, qui se prend à 1 heure ; La grande tenue qui se prend quand elle est indiquée par les règlements ou par l'ordre ; La tenue de campagne, qui se porte dans les marches militaires, les manœuvres, les routes, etc. L'insigne de service consiste dans le port de la jugulaire sous le menton.

Tenue de campagne.

L'homme revêt ses effets d'équipement dans l'ordre suivant:

1° L'étui-musette, la banderole portant sur l'épaule droite; la banderole doit être ajustée de telle façon que le bord supérieur de l'étui-musette se trouve à environ deux doigts audessaus de la croisière de l'épée-baïonnette ;

2° Le petit bidon, la courroie sur l'épaule gauche ;

3° Le ceinturon, qui recouvre la partie antérieure de la courroie de bidon et de la banderole de l'étui-musette ;

4° Les bretelles de suspension ;

5° Le havresac.

Placement des effets pour les revues de détail,

Les effets de toute nature sont disposés sur le lit de chaque soldat dans l'ordre suivant, en partant des pieds du lit :

Les effets de petit équipement, les munitions, le nécessaire d'armes démonté; le havresac (les courroies roulées et la palette rabattue en avant ; les effets d'habillement et l'étui-musette reposant sur le corps du havresac, rangés dans le même ordre que sur la planche à bagages ; les épaulettes, le corps à plat sur le bourgeron, les franges pendantes du côté du pied du lit, surmontées de la deuxième coiffure ; les effets de grand équipement : les cartouchières vides, le ceinturon sur son prolongement, à droite, la plaque, le verrou et les coulants ; le porte-épée-baïonnette, la bretelle du fusil ou l'étui du revolver ; les armes : l'épée-baïonnette dans son fourreau ; le fusil ou le revolver (lorsque le fusil reste monté, il est appuyé, muni de la baïonnette dans son fourreau, contre le mur, à la tête du lit); l'outil portatif, son étui; les ustensiles de campement, sur la même ligne; la caisse ou ses accessoires ou le clairon. *Livre du Gradé.*

CONSEILS POUR LA MARCHE

Avant de faire une marche, les hommes s'assurent que leurs effets ne les gênent pas; ils se munissent des ingrédients nécessaires pour parer aux accidents de la marche. Ils veillent surtout à la chaussure, qui doit avoir été portée et brisée, souple aux pieds dont les ongles, cors ou durillons, peuvent être une cause de douleurs. Les hommes susceptibles de se blesser graissent avec du suif, la veille et au moment de chaque marche, les parties délicates.

Les pieds doivent être l'objet de soins constants. Dès qu'une partie quelconque est pressée douloureusement, il faut remédier à la gêne produite en quittant les chaussures, s'il est possible, et graisser fortement avec du suif la partie lésée et la partie de la chaussure qui frotte. S'il y a écorchure, il faut entourer la plaie solidement et sans plis, avec une bande imbibée d'eau blanche, et graisser le linge extérieurement, de manière à adoucir le frottement.

Les hommes qui ont des ampoules doivent les traverser d'un fil graissé, au moyen d'une aiguille, laisser le fil dans l'ampoule et graisser ensuite avec du suif, sans jamais enlever la peau.

Moyen de combattre la soif.

La soif est le plus grand tourment des marches par les

grandes chaleurs. On y résiste plus facilement quand on s'est accoutumé de bonne heure à ne boire qu'à ses repas. Si impérieuse qu'elle soit, il faut s'abstenir de quitter le rang pour entrer dans une maison ou aller boire à une fontaine, l'homme qui s'éloigne de la colonne un instant ne peut que rarement rejoindre sa place et augmente le nombre des traînards.

Se gorger d'eau en toute occasion n'est d'ailleurs pas un bon moyen d'étancher la soif : elle reparaît plus forte et plus ardente quelques moments après. Les vieux soldats le savent bien ; ils prétendent en outre que l'eau casse les jambes des marcheurs. Ce n'est pas à dire qu'il faille d'une manière absolue se priver de boire. Après une transpiration abondante, le corps a besoin qu'on lui rende le liquide qu'il a perdu. Si donc la colonne fait halte près de l'eau, il est permis de se désaltérer, à condition qu'on boive modérément et qu'on prenne certaines précautions. Boire froid, quand on est en sueur, peut amener une congestion immédiate et des suites graves. Il faut se reposer d'abord, refroidir progressivement le corps en se mouillant les mains et le visage, puis boire par petites gorgées. D'après l'expérience d'un illustre médecin militaire, le docteur Baudens, aucune boisson n'est aussi salutaire que le café très étendu d'eau et non sucré. Ce liquide est tonique en même temps que rafraîchissant, et il a une vertu désaltérante qu'on ne trouve à un degré égal dans aucune autre boisson, car il arrête la soif et diminue beaucoup la transpiration qni énervet et altère le marcheur.

Ce liquide, transporté dans un petit bidon de fer-blanc, recouvert de drap, conservera une agréable fraîcheur.

On évite au repos les endroits humides ou trop frais, et, si l'on est en transpiration, on se prémunit contre le vent ; on se donne du mouvement si l'on sent qu'on se refroidisse, et l'on se garde de s'étendre sur l'herbe. Lorsque le soleil est trop chaud, il faut se garantir la tête avec un mouchoir en l'interposant entre la tête et la coiffure. A la suite d'une longue marche, d'un exercice fatigant, après la pluie et particulièrement pendant les grandes chaleurs, on ne doit pas se dévêtir en arrivant, à moins qu'on ne veuille changer de linge ; dans ce cas, on le fait sans perdre de temps et en se garantissant des courants d'air. Après une grande fatigue suivie de transpiration, un repos complet et immédiat est pernicieux ; le mouvement fait éviter les refroidissements. On doit se déshabiller pour se coucher, si l'on dispose d'un lit : les membres reposent mieux et le corps reprend sa souplesse. Si l'on n'a pas de lit, il faut quitter sa chaussure, se déshabiller en partie et se couvrir le mieux possible, en évitant lee courants d'air.

Le Soldat Français.

MALADIES SIMULÉES

Prenez comme principe, que le médecin-major, que vous avez l'intention d'induire en erreur, en a probablement vu de toutes les couleurs en fait de maladies vraies ou simulées par des malins de toute catégorie, donc, ouvrez l'œil !

En somme, tous ceux qui se font porter malades avec l'intention de pouvoir tirer au flanc, sont bien vite reconnus par le major, qui ne ménagera pas les punitions à ces fumistes.

QUELQUES CONSEILS POUR SOIGNER un malade ou un blessé.

Lorsqu'un camarade vient à se trouver mal à l'aise ou à être blessé, il importe qu'on puisse lui porter secours sans retard. D'abord une bonne précaution à prendre, c'est de le rendre entièrement libre de ses mouvements, de le débarrasser de son sac, son fourniment, puis le faire adosser à un arbre, à un mur, ou le coucher sur le dos, en ayant soin de le couvrir, de façon à empêcher le refroidissement, hausser légèrement la tête et placer les membres dans leur position normale.

En cas de diarrhée d'un malade, lui administrer quelques grammes de bismuth.

Pour la constipation et l'embarras gastrique, faire prendre une cuillerée de magnésie anglaise délayée dans un demi verre de lait ou d'eau.

Pour les angines, administrer souvent des gargarismes à l'acide borique et beaucoup de tisane.

On panse les plaies ordinairement avec de la poudre d'iodoforme, mais seulement après les avoir soigneusement nettoyées, puis on applique de la ouate et on enveloppe le tout par une bande que l'on fixe sans plis.

UNE EXCELLENTE CUISINE

A la caserne, la soupe sonne régulièrement à 10 heures et à 5 heure; on s'habitue assez vite à ce système de deux repas par jour, sans parler du quart de café le matin.

Les repas comprennent toujours une soupe et un plat de viande et de légumes, le tout arrosé par une excellente boisson : l'eau de la fontaine ; le moment viendra cependant où l'on distribuera du vin à nos troupiers. Certains jours on vous servira le rata, un plat sur lequel on ne peut se dispenser de dire quelques mots : *Le rata* est un mets comme on en voit peu, un mets comme on n'en voit pas, si ce n'est au régiment, et qui répand un parfum si distingué que cela donnerait de l'appétit à plus d'un bec fin. Il y entre à peu près autant de choses qu'il y a de pièces dans l'habit d'un arlequin, du gros lard coupé par morceaux, des haricots, des pommes de terre, des choux et je ne sais quoi encore : on fait cuire tout cela ensemble dans une immense marmite, et, tandis que ça chante et bouillonne à faire plaisir, les soldats de cuisine vous remuent cette masse solide et liquide avec d'immenses cuillers en bois : on dirait des canonniers chargeant des pièces de quarante-huit, ou des matelots qui fatiguent la mer de leurs rames. Enfin, quand c'est cuit à point, on sert chaud, et je vous répond que les jours de rata, il ne restera rien au fond de la gamelle. *(De Ség.)*

LA SECTION HORS RANG

Pour entrer à la section hors rang, il faut avoir au moins de 12 à 15 mois de service, avoir toujours été bon soldat, ne jamais avoir subi de punitions, ne jamais avoir fait preuve de cas d'ivresse, en un mot, être un soldat modèle. Lorsque des emplois sont vacants dans la section hors rang, les hommes des compagnies en sont informés à la lecture du rapport.

Ils doivent se faire inscrire sur la liste destinée à cet effet, laquelle est transmise au capitaine et envoyée au chef de corps. D'ordinaire les postulants ne manquent jamais, et nombreux sont ceux qui désirent faire partie de la section hors rang, car, à vrai dire, on y passe quelques fois du bon temps, et puis l'on est exempt de corvées, etc. ; aussi les hommes choisis sont-ils ceux qui ont réellement prouvé les capacités nécessaires pour les divers emplois auxquels ils se proposent. La section hors rang comprend : les armuriers, cordonnier, tailleur, infirmiers, le service d'habillement, les ordonnances des officiers supérieurs et subalternes, les sapeurs, les musiciens, les prévots d'armes.

Les armuriers assurent le service d'entretien et de réparation des armes.

Les cordonniers et tailleurs confectionnent des chaussures et des costumes pour les officiers. Ils forment des apprentis destinés à remplir les fonctions de cordonnier et tailleur de

Les infirmiers sont sous les ordres du caporal-infirmier qui assure le service de l'infirmerie et fait maintenir la tranquilité des malades et convalescents.

Les sapeurs sont affectés aux réparations de toute sorte, en ce qui concerne les bâtiments : menuiserie, charpente, serrurerie, peinture, vitrerie ; ils comprennent une douzaine d'hommes, répartis comme suit : 3 menuisiers, charrons ou ébénistes, 3 maçons ou plâtriers, 2 charpentiers couvreurs, 2 serruriers zingueurs, 2 vitriers, peintres, lampistes.

Le caporal-sapeur doit être apte à pouvoir, par son expérience, diriger tous les travaux de ses hommes.

ARTILLERIE

Dans l'artillerie, l'arrivée s'opère de la même façon que pour l'infanterie et les autres régiments. Les hommes y sont commandés par le brigadier (caporal) et le maréchal des logis (sergent); les autres officiers sont désignés comme dans les autres armes.

Les hommes font leurs classes à pied et ceux qui sont destinés à être cavaliers sont alors habitués à leurs chevaux. Les hommes destinés à être servants de pièce et parmi lesquels on choisira les canonniers-pointeurs sont dans la suite familiarisés avec le canon et les exercices qui s'y rattachent.

CONSEILS UTILES & PRATIQUES

De la tenue.

Le dolman ou la veste devront toujours être boutonnés dans toute leur longueur et ne pas faire de plis aux hanches.

Le pantalon doit tomber assez bas sans toutefois faire de plis sur le coup de pied. Les poches doivent toujours être boutonnées, et ceci par mesure de précaution très utile. Le manteau ou la capote devront toujours être portés d'une façon convenable, être boutonnés, le col rabattu, la pélerine également boutonnée ainsi que ses pattes.

Comment placer les effets aux crochets.

Voici comment se placent les effets et l'équipement sur les planches et aux crochets à la chambrée:

Sur la planche supérieure, le havresac, les souliers; sur la planche inférieure, le dolman, la veste, en alternant la disposition, l'un le col à droite, l'autre le col à gauche; les pantalons en alternant les ceintures, de même pour les pantalons de treillis, puis le bourgeron. La capote roulée, les bouts en dedans, les képis, la visière en avant.

Aux crochets, sous la planche, le sabre-baïonnette, le bidon, la cartouchière, le quart, la serviette, puis aux crochets inférieurs, les musettes; le mousqueton au cran de repos est au ratelier d'armes.

Comment on roule la capote pour la placer sur la planche.

Voici le moyen de bien rouler la capote, à l'usage des servants: on étend la capote à terre, en ayant soin de placer auparavant une couverture pour l'empêcher de se salir, la capote étendue, la doublure en dessous, allonger les manches, en ayant soin de détrousser les parements; faire un pli avec le bas de la capote au-dessus de la fente et qui se termine en pointe de chaque côté. Rabattre ces deux pointes en laissant au milieu la distance de deux longueurs du sabre-baïonnette dans le fourreau et deux longueurs de la poignée, puis faire un pli de la longueur d'une poignée avec le bas de la capote, rabattre le collet jusqu'à la doublure des manches puis rouler et replier la capote de la longueur des effets, les bouts en dedans et fixer avec la courroie.

POSITION A CHEVAL

Le cavalier est bien placé à cheval quand il observe les dispositions indiquées ci-après:

Les fesses portant également sur la selle et le plus en avant possible; les cuisses tournées sans effort sur leur plat, embrassant également le cheval, ne s'allongeant que de leur propre poids et par celui des jambes ; le pli des genoux liant; les jambes libres et tombant naturellement au contact du cheval ; l'étrier chaussé jusqu'au tiers, ne portant que le poids de la jambe ; le pied posé à plat sur le plancher de l'étrier, le gros orteil touchant la branche interne, la semelle légèrement tournée en dehors ; le talon plus bas que la pointe du pied ; les reins soutenus sans roideur ; le haut du corps aisé, libre et droit; les épaules également effacées; les bras libres, les coudes tombant naturellement; la tête droite, aisée et dégagée des épaules.

Dans cette position, les parties du corps représentées par le buste et les jambes sont mobiles et doivent agir à la volonté du cavalier, soit comme aide, soit comme moyen d'adoucir les réactions ou de combattre les défenses du cheval.

La cuisse doit au contraire rester immobile et adhérente à la selle, toutes les fois que les réactions n'obligent pas le cavalier à céder à l'impulsion qu'il reçoit, mais, dans ce cas même, le genou doit se fixer comme un pivot autour duquel les parties voisines peuvent se mouvoir.

Si le cavalier a les fesses trop en arrière, il ne peut se lier au mouvement du cheval : il est exposé à se blesser sur le troussequin et à porter le haut du corps en avant. Les cuisses doivent être tournées sur leur plat, afin que leur forme soit mise en rapport avec la convexité du corps du cheval.

Si les cuisses sont tournées trop en dedans, le bas de la

jambe est écarté, et les aides inférieures, trop éloignées du cheval, agissent par à-coup.

Si les cuisses sont tournées trop en dehors, l'éperon peut agir sans la volonté du cavalier, le genou est ouvert, l'adhérence de la cuisse est diminuée. Si la cuisse est trop rapprochée de l'horizontale, on dit que le cavalier est *raccroché*; les genoux remontent facilement, et la puissance d'enveloppe du cavalier est diminuée. Si la cuisse est trop rapproché de la verticale, on dit que le cavalier est sur l'enfourchure. Le cavalier ainsi placé a souvent de la puissance, mais peu d'aisance ; il a moins de facilité pour se lier aux mouvements du cheval, mais cette position est plus avantageuse pour faire usage du sabre.

En résumé, le cavalier doit être assis, tout en ayant la cuisse descendue.

Si la jambe n'est pas au contact, le cavalier risque d'agir par à-coup quand il veut se servir des aides inférieures.

Si le cavalier prend un trop grand appui sur les étriers, cet appui dérange son assiette ainsi que la position des jambes et nuit à la facilité de leur action.

Si le cavalier ne chausse pas les étriers jusqu'au tiers, il risque de les perdre, et s'il les chausse trop, les jambes ne tombent plus naturellement.

Si le pied ne présente pas légèrement la semelle en dehors, la jambe et le genou peuvent être écartés de la selle.

Le talon doit être plus bas que la pointe du pied, afin que le pied puisse conserver l'étrier sans effort et sans roideur, que le jeu de son articulation avec la jambe reste libre et que le cavalier ne risque pas d'employer l'éperon mal à propos.

Quand le cavalier monte sans étriers, la pointe des pieds doit tomber naturellement afin de ne pas amener de roideur dans les jambes.

La position du cavalier décrite ci-dessus doit être observée toutes les fois que le cheval est de pied ferme ; mais elle est susceptible d'être modifiée dans différents cas, soit d'une manière intermittente, soit d'une manière continue.

Ainsi, le cavalier modifie cette position d'une manière intermittente, lorsque les réactions naturelles du cheval, se produisant à intervalles égaux, l'obligent à céder à chaque réaction pour reprendre après sa position normale. Exemple: Le cavalier, étant au trot, est projeté à chaque battue diagonale ; le cavalier étant au galop, est légèrement chassé sur le côté à chaque temps ; mais dans l'un et l'autre cas, le cavalier reprend sa position dans l'intervalle de chaque battue ou de chaque temps.

Le cavalier modifie sa position d'une manière continue, lorsqu'il veut disposer de son poids pour charger, soit l'avant-main, soit l'arrière-main, et produire tel ou tel effet; ou bien il la modifie accidentellement, pour résister aux défenses du cheval, s'il rue ou s'il se cabre, en portant le corps soit en arrière, soit en avant.

Le buste doit s'accorder avec souplesse avec le mouvement du cheval de manière à rester bien d'aplomb par rapport au cheval ; il doit garder le même degré d'inclinaison que lui dans la marche circulaire.

Dans certains exercices, tels que le trot enlevé et dans l'emploi des armes, le cavalier, par exception aux principes ci-dessus, sent l'appui sur les étriers et les chausse plus ou moins complètement; il doit encore les chausser pour tous les sauts et passages d'obstacles.

Dans les exercices d'allongement au galop le plus vite, le cavalier penche le corps un peu en avant, fixe les genoux et prend un point d'appui sur les étriers.

Extraits de dl'Instuction sur le service des troupes à cheval.

Propreté des écuries. — Soins à donner à la litière.

Les écuries doivent être tenues dans le plus grand état de propreté ; le sol doit être balayé; le crottin est enlevé à mesure qu'il tombe et porté hors des écuries. La litière, maintenue en permanence sous les pieds des chevaux, ne doit être relevée pour permettre d'en tirer le fumier que lorsque l'ordre en est donné, généralement deux fois par mois. Pendant cette opération, il faut, autant que possible, faire sortir les chevaux des écuries et, dans tous les cas, ouvrir toutes les portes et toutes les fenêtres.

Soins à donner aux chevaux avant le travail.

Avant de monter à cheval, le canonnier doit donner un coup de brosse en chiendent, ou de bouchon sur tout le corps du cheval, pour enlever la poussière et le crottin dont il serait souillé ; puis passer la brosse humide sur les crins, la tête et les pieds.

Soins à donner aux chevaux à la rentrée.

A moins de circonstances exceptionnelles, les chevaux ne doivent pas être ramenés en sueur au quartier. En rentrant, le canonnier attache son cheval hors des écuries, cure les pieds, enlève les harnais et desselle. Il prend une poignée de paille dans chaque main, frotte énergiquement l'encolure, la poitrine, le ventre, les flancs, et particulièrement l'emplacement de la selle : puis il étend la couverture sur le dos du cheval. Il brosse ensuite avec la brosse en chiendent, les cuisses et les jambes, en allant de haut en bas; passe léponge mouillée sur les yeux, les naseaux, le foureau et l'anus ; lave les paturons et les sèche soigneusement avec l'époussette. Si la queue est crottée, il frotte les crins les uns contre les autres et trempe le fouet dans l'eau. Il rentre ensuite le cheval à l'écurie et le laisse couvert pendant le temps prescrit. Si le cheval transpire de nouveau quand il est à l'écurie, le cavalier le bouchonne comme il a été prescrit de la faire à la rentrée du travail. Ces prescriptions doivent être observées par tout canonnier ou cavalier qui descend de cheval.

CAVALERIE

Les jeunes gens sont d'abord exercés à la gymnastique et aux mouvements d'assouplissement. Puis vient l'école du cavalier à pied, qui revient à peu de choses près à la même étude que l'école du fantassin. Au bout de quelques semaines commencent les exercices du sabre. Ceux-ci se feront avec facilité et légèreté du poignet, lorsqu'on aura prêté grande attention à la démonstration de l'instructeur.

Armée de Mer

Les équipages de la flotte se composent des marins de l'inscription maritime, des jeunes conscrits désignés chaque année pour faire partie de ces équipages, et des engagés volontajres. Les équipages montent les navires de l'État, ou sont formés en compagnies dans les ports, sous les ordres d'officiers de marine, en attendant leur tour d'embarquement.

Le personnel des équipages de la flotte à terre est réparti en 5 divisions, dont deux de 1e classe à Brest et à Toulon, et 3 de deuxième classe à Cherbourg, Lorient et Rochefort; les unes et les autres sont commandés par des capitaines de vaisseau, mais les divisions de 1e classe sont beaucoup plus nombreuses et plus importantes que les autres. A chaque division se rattache un certain nombre d'écoles préparatoires destinées à former, en vue de l'embarquement, les jeunes marins qui y sont incorporés.

Pour être nommé matelot de 3e classe il faut avoir 18 ans d'âge, pour les marins provenant du recrutement ou de l'engagement volontaire 12 mois d'engagement, pour les marïns provenant de l'inscription maritime deux campagnes au long cours, 18 mois de navigation ou deux ans de petite pêche.

Le matelot de 1e classe peut passer quartier-maître, grade équivalant à celui de caporal dans l'armée de terre. Au-dessus des quartiers-maitres sont les maîtres et officiers mariniers, catégorie analogue à celle des sous-officiers de l'armée de terre. On les divise en seconds maîtres, maitres sergents-majors, premiers maitres.

Tous les marins portent le même uniforme.

Le Soldat Français.

Personnel d'un navire de guerre. — Les hommes de l'équipage ont chacun leur spécialité : les uns sont employés à la manœuvre du navire, les autres aux machines. Ceux-ci ont la garde des canons, ceux-là ont la garde des fusils et des sabres. D'autres font les réparations de charpentage et de et de voilure.

Chacun de ces groupes a un chef pour le commander ; ce chef s'appelle maitre. Dans l'armée de mer, le maitre a sous ses ordres des seconds-maitres, des quartiers-maitres et de matelots pour l'aider dans le service.

L'officier ne donne pas d'ordres directs à l'équipage : il les donne aux maitres, qui sont chargés de les faire exécuter.

Ces maitres sont appelés officiers mariniers ; ce sont les sous-officiers de la marine.

Chaque commandant de navire est secondé par cinq lieutenants de vaisseau, chefs de quarts, qui, à tour de rôle, et de quatre heures en quatre heures, veillent jour et nuit sur le banc de quart. L'officier de quart, pendant son service, est chargé de la manœuvre et de la direction du navire, en se conformant aux ordres du commandant.

Tu seras Soldat.

Dans l'armée de mer comme dans l'armée de terre, les hommes sont tenus de se soumettre aux règlements de discipline et d'obéissance prescrits et qui sont une des principales choses qui constituent notre force navale.

TABLE DES MATIÈRES

www.ingramcontent.com/pod-product-compliance
Lightning Source LLC
LaVergne TN
LVHW020047170826
845678LV00001B/459

* 9 7 8 2 3 2 9 6 8 9 0 6 7 *